Impressum
Verlag: BABADADA GmbH, Nedderfeld 112 , 22529 Hamburg
Geschäftsführer / Verlagsleitung: Harald Hof
Druck: Books on Demand GmbH, In de Tarpen 42, 22848 Norderstedt

Imprint
Publisher: BABADADA GmbH, Nedderfeld 112 , 22529 Hamburg, Germany
Managing Director / Publishing direction: Harald Hof
Print: Books on Demand GmbH, In de Tarpen 42, 22848 Norderstedt, Germany

escuela
shkolla

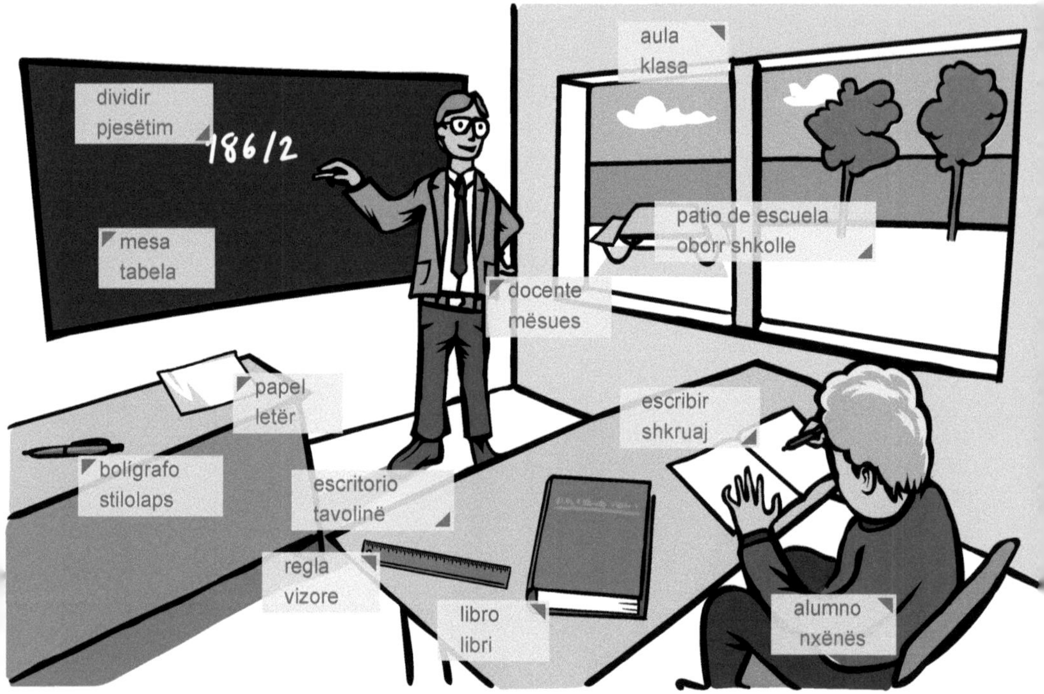
aula
klasa
dividir
pjesëtim
186/2
mesa
tabela
patio de escuela
oborr shkolle
docente
mësues
papel
letër
escribir
shkruaj
bolígrafo
stilolaps
escritorio
tavolinë
regla
vizore
libro
libri
alumno
nxënës

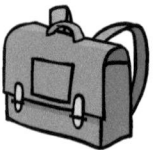

mochila escolar

çantë

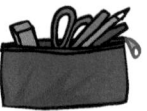

caja de lápices

mbajtëse lapsash

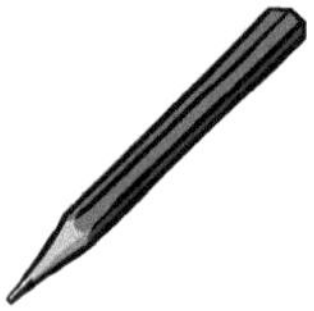

lápiz

laps

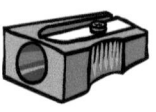

sacapuntas

mprehës lapsash

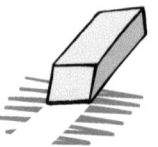

goma de borrar

gomë

bloc de dibujo

fletore vizatimi

dibujo
vizatim

pincel
penel

caja de pinturas
kuti bojërash

tijera
gërshërë

pegamento
ngjitës

libro de ejercicios
fletore detyrash

tarea
detyrë shtëpie

número
numër

sumar
mbledh

restar
zbres

multiplicar
shumëzoj

calcular
llogaris

letra
gërmë

alfabeto
alfabeti

palabra
fjalë

texto

tekst

leer

lexoj

tiza

shkumës

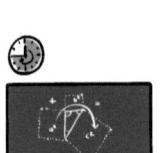

lección

mësim

libro de clase

regjistër

examen

provim

certificado

çertifikatë

uniforme escolar

uniformë shkolle

educación

arsimim

enciclopedia

enciklopedia

universidad

universitet

microscopio

mikroskop

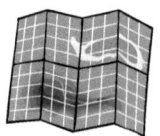

mapa

hartë

cesto de papeles

kosh letrash

viaje
udhëtim

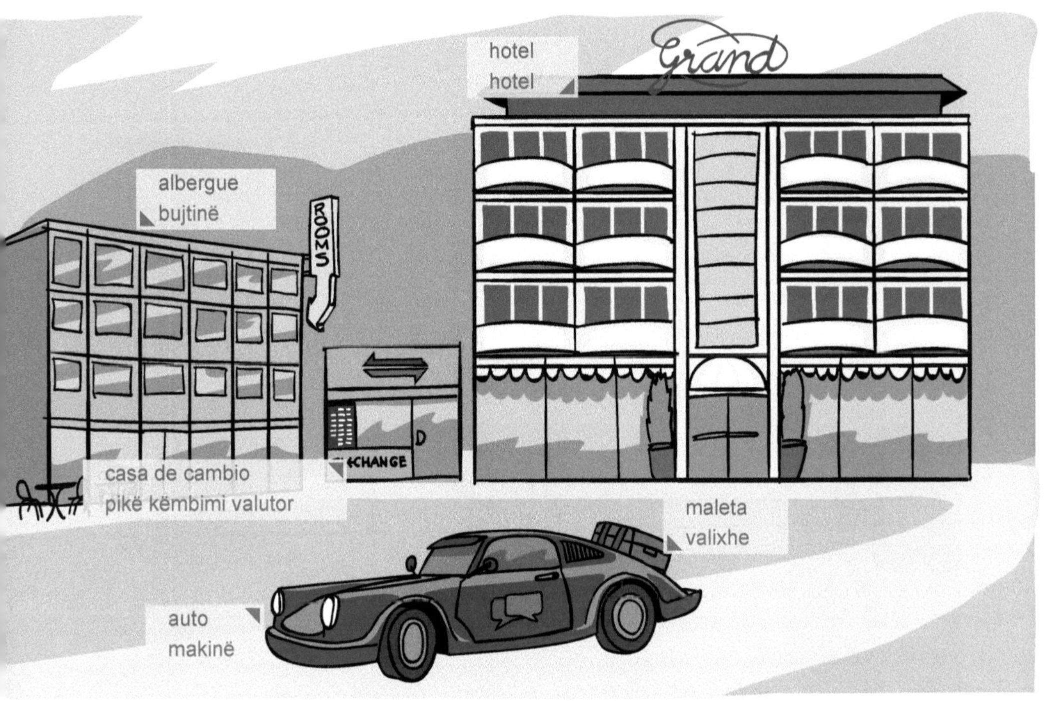

hotel
hotel
Grand
albergue
bujtinë
ROOMS
casa de cambio
pikë këmbimi valutor
EXCHANGE
maleta
valixhe
auto
makinë

idioma
gjuhë

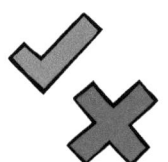

sí / no
po / jo

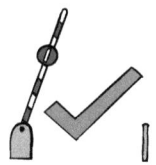

ok
Në rregull

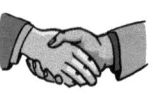

hola
ç'kemi

intérprete
përkthyes

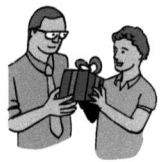

gracias
Faleminderit

¿Cuánto cuesta...?

sa kushton...?

No entiendo

nuk e kuptoj

problema

problem

¡Buenas tardes!

Mirëmbrëma!

¡Buenos días!

Mirëmëngjes!

¡Buenas noches!

Natën e mirë!

adiós

mirupafshim

dirección

drejtim

equipaje

bagazhet

bolso

çantë

mochila

çantë shpine

invitado

mysafir

cuarto

dhomë

saco de dormir

thes gjumi

tienda de campaña

tendë

información al turista

informacion për turistët

playa

plazh

tarjeta de crédito

kartë krediti

desayuno

mëngjes

almuerzo

drekë

cena

darkë

pasaje

Biletë

ascensor

ashensor

sello

pulla

límite

kufi

aduana

doganë

embajada

ambasadë

visa

vizë

pasaporte

pasaportë

transporte

transport

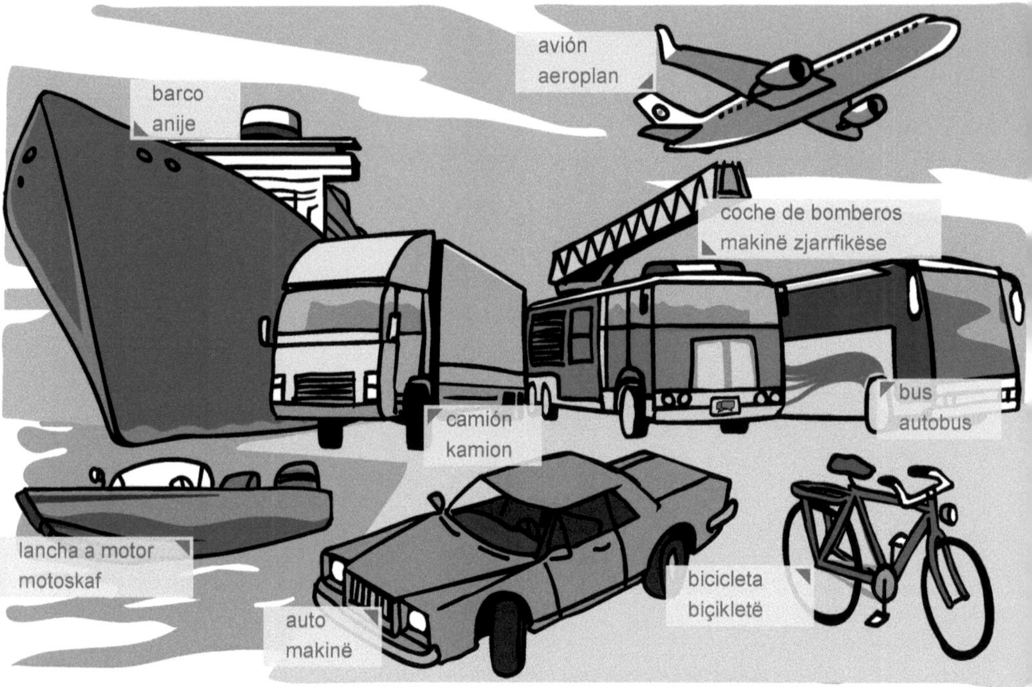
barco
anije
avión
aeroplan
coche de bomberos
makinë zjarrfikëse
camión
kamion
bus
autobus
lancha a motor
motoskaf
auto
makinë
bicicleta
biçikletë

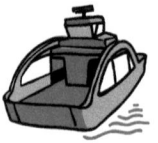

balsa

traget

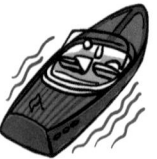

lancha

varkë

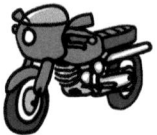

motocicleta

motoçikletë

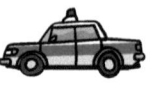

auto de policía

makinë policie

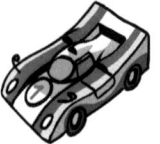

auto de carreras

makinë garash

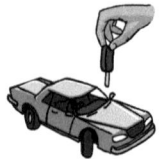

auto de alquiler

makinë me qira

alquiler de autos

ndarje e qirasë së makinës

grúa

karroatrec

vehículo recolector de basura

makinë plehrash

motor

motor

gasolina

benzinë

gasolinera

pikë karburanti

señal de tráfico

sinjalistikë trafiku

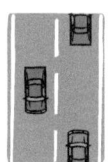

tránsito

trafik

atasco

bllokim trafiku

estacionamiento

parkim makinash

estación de tren

stacion treni

carril

trase

tren

tren

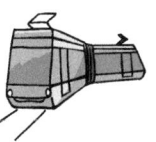

tranvía

tramvaj

vagón

karro

helicóptero

helikopter

aeropuerto

aeroport

torre

kullë

pasajero

pasagjer

contenedor

kontenier

caja de cartón

kuti kartoni

carro

qerre

cesta

shportë

despegar / aterrizar

ngrihem / ulem

ciudad

qytet

aldea

fshat

centro de la ciudad

qendra e qytetit

casa

shtëpi

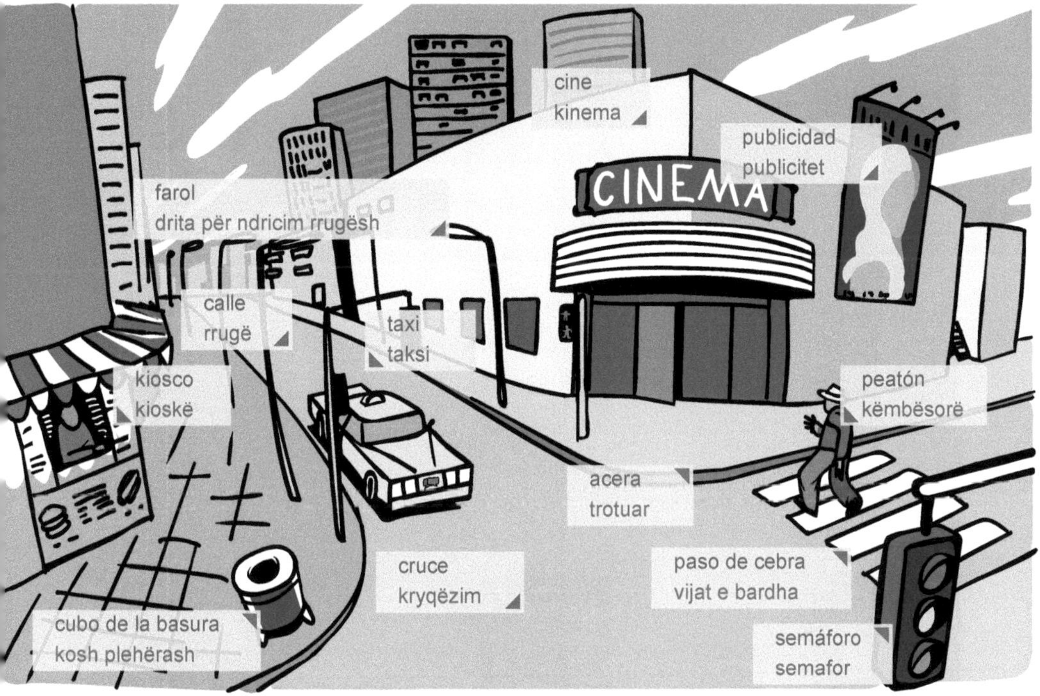

CINEMA
cine
kinema
publicidad
publicitet
farol
drita për ndricim rrugësh
calle
rrugë
taxi
taksi
kiosco
kioskë
peatón
këmbësorë
acera
trotuar
cruce
kryqëzim
paso de cebra
vijat e bardha
cubo de la basura
kosh plehërash
semáforo
semafor

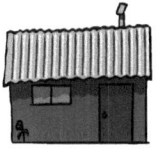

cabaña

kasolle

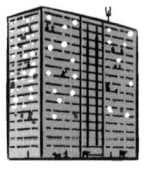

apartamento

apartament

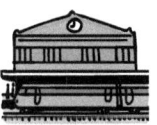

estación de tren

stacion treni

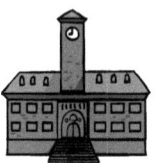

ayuntamiento

bashki

MUSEUM

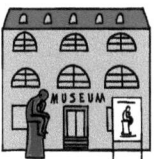

museo

muze

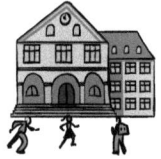

escuela

shkolla

universidad

universitet

banco

bankë

hospital

spital

hotel

hotel

farmacia

farmaci

oficina

zyrë

librería

librari

negocio

dyqan

florería

dyqan lulesh

supermercado

supermarket

mercado

market

grandes almacenes

mapo

pescadería

dyqan peshku

centro comercial

qëndër tregtare

puerto

port

parque

park

banco

stol

puente

urë

escalera

shkallë

metro

metro

túnel

tunel

parada de autobuses

stacion autobuzi

bar

bar

restaurante

restorant

buzón de correo

kuti postare

letrero

sinjalistikë rrugore

parquímetro

kohëmatës parkimi

zoológico

kopsht zoologjik

piscina

pishinë

mezquita

xhami

granja
fermë

polución
ndotje

cementerio
varrezë

iglesia
kishë

parque infantil
shesh lojërash

templo
tempull

paisaje
peisazh

hoja
gjethe

indicador de camino
tabela orientuese

sendero
rrugë

pradera
livadh

piedra
gurë

árbol
pemë

caminante
ekskursionist

río
lumë

pasto
bar

flor
lule

valle
luginë

montaña
kodër

lago
liqen

bosque
pyll

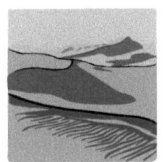

desierto
shkretëtirë

volcán
vullkan

castillo
kështjellë

arco iris
ylber

seta
kepudhë

palmera
palmë

mosquito
mushkonjë

mosca
mizë

hormiga
milingonë

abeja
bletë

araña
merimangë

escarabajo

brumbull

rana

bretkosë

ardilla

ketër

erizo

iriq

liebre

lepur

lechuza

buf

pájaro

zog

cisne

mjellmë

jabalí

derr i egër

ciervo

dre

alce

dre brilopatë

embalse

digë

aerogenerador

turbinë ere

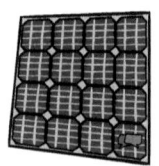

módulo solar

panel diellor

clima

klimë

restaurante
restorant

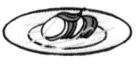

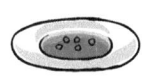

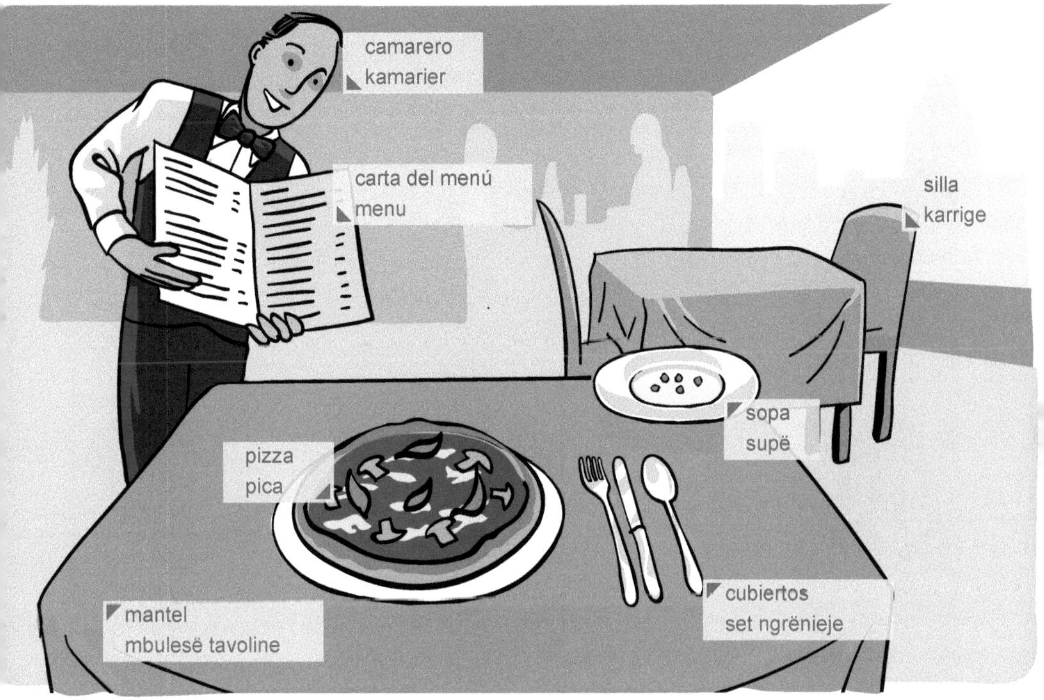
camarero
kamarier
carta del menú
menu
silla
karrige
sopa
supë
pizza
pica
cubiertos
set ngrënieje
mantel
mbulesë tavoline

entrada
pjatë e parë

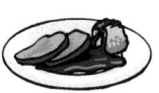

plato principal
pjatë kryesore

postre
ëmbëlsirë

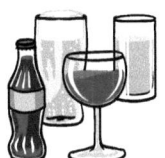

bebida
pije

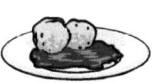

comida
ushqim

botella
shishe

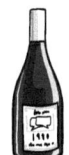

comida rápida

ushqim i shpejtë

comida callejera

ushqim i shërbyer në rrugë

tetera

ibrik çaji

azucarera

kuti sheqeri

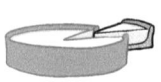

porción

racion

máquina de espresso

makinë kafeje ekspres

silla alta

karrige e lartë

factura

faturë

bandeja

tabaka

cuchillo

thika

tenedor

pirun

cuchara

lugë

cuchara de té

lugë çaji

servilleta

pecetë

vaso

gotë

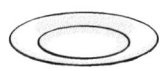

plato
pjatë

plato de sopa
pjatë supe

platillo
pjatë filxhani

salsa
salcë

salero
mbajtëse kripe

molinillo para pimienta
mulli piperi

vinagre
uthull

aceite
vaj

especias
erëza

ketchup
keçap

mostaza
mustardë

mayonesa
majonezë

supermercado
supermarket

oferta
ofertë speciale
FOR
cliente
klient
productos lácteos
produkte bulmeti
fruta
frut
carrito de compras
karrocë pazari

BUTCHERS

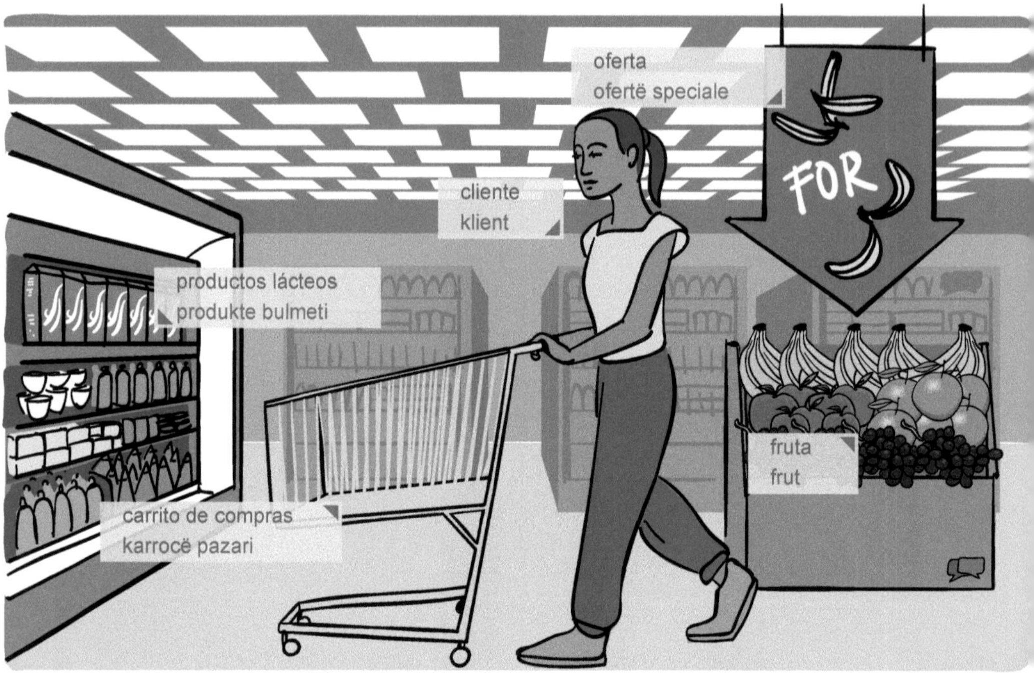

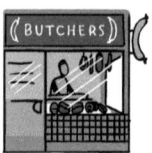

carnicería

dyqan mishi

BAKERY

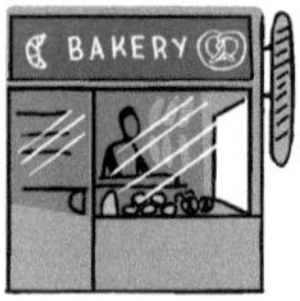

panadería

furrë buke

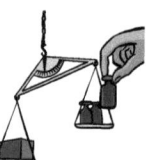

pesar

peshoj

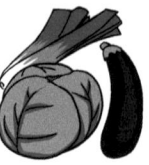

verdura

perime

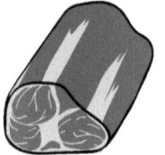

carne

mish

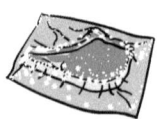

alimentos congelados

ushqim i ngrirë

fiambre

copë

conservas

ushqim i konservuar

detergente en polvo

pluhur larës

dulces

ëmbëlsirat

artículos domésticos

prodhime shtëpie

productos de limpieza

produkte pastrimi

vendedora

shitëse

caja

kasë fiskale

cajero

arkëtar

lista de compras

listë blerjeje

horario de atención

oraret e punës

cartera

portofol

tarjeta de crédito

kartë krediti

maleta

çantë

bolsa plástica

qese plastike

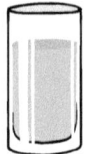

agua

ujë

jugo

lëng frutash

leche

qumësht

refresco de cola

koka-kola

vino

verë

cerveza

birrë

alcohol

alkool

cacao

kakao

té

çaj

café

kafe

espresso

kafe ekspres

cappuccino

kapuçino

banana

banane

manzana

mollë

naranja

portokalle

sandía

pjepër

limón

limon

zanahoria

karrotë

ajo

hudhër

bambú

bambu

cebolla

qepë

seta

kërpudha

nueces

arra

fideos

makarona

espagueti

spageti

arroz

oriz

ensalada

sallatë

patatas fritas

patate të skuqura

patatas salteadas

patate të skuqura

pizza

pica

hamburguesa

hamburger

sándwich

sanduiç

escalope

shnicel

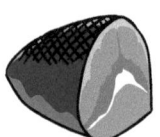

jamón

proshutë

salame

sallam

embutido

salçiçe

pollo

pulë

asado

skuq

pescado

peshk

copos de avena

tërshërë

musli

drithëra

copos de maíz tostado

kornfleiks

harina

miell

croissant

kruasant

panecillo

panine

pan

bukë

tostada

tost

galletas

biskotë

mantequilla

gjalp

cuajada

gjizë

pastel

tortë

huevo

vezë

huevo frito

vezë sy

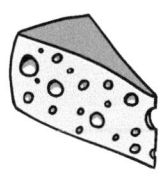

queso

djathë

helado

akullore

azúcar

sheqer

miel

mjaltë

mermelada

marmaladë

praliné

çokokrem

curry

këri

granja
fermë

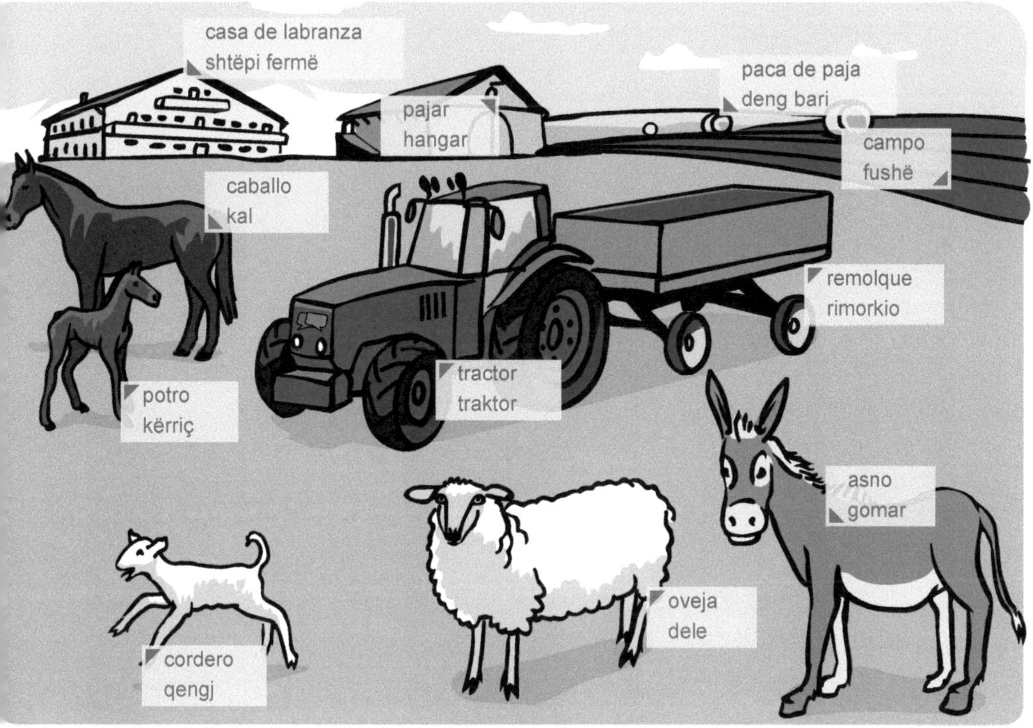

casa de labranza
shtëpi fermë
pajar
hangar
paca de paja
deng bari
campo
fushë
caballo
kal
remolque
rimorkio
tractor
traktor
potro
kërriç
asno
gomar
oveja
dele
cordero
qengj

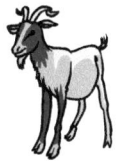

cabra
dhi

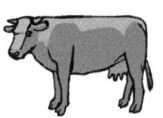

vaca
lopë

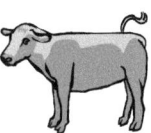

ternero
viç

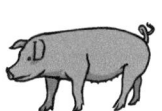

cerdo
derr

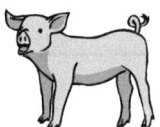

lechón
derrkuc

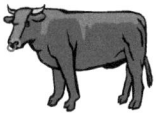

toro
dem

ganso

patë

pato

rosë

polluelo

zog pule

pollo

pulë

gallo

gjel

rata

mi

gato

mace

ratón

mi

buey

buall

perro

qen

caseta del perro

kolibe qeni

manguera de riego

zorrë vaditëse

regadera

vaditëse

guadaña

kosë

arado

plug

hoz

drapër

azada

shat

bieldo

kosa

hacha

sëpatë

carretilla

karrocë

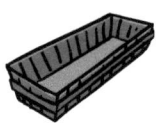

abrevadero

govatë

lechera

bidon qumështi

saco

thes

cerca

gardh

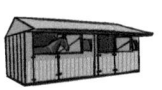

establo

ahur

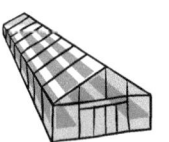

invernadero

serë

suelo

dhe

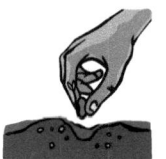

semilla

farë

fertilizante

pleh

cosechadora

autokombanjë

cosechar

korr

cosecha

te korrat

raíz de ñame

patate e ëmbël "Yam"

trigo

grurë

soja

soja

patata

patate

maíz

misër

colza

raps

Árbol frutal

pemë frutore

mandioca

zhardhok manioku

cereales

drithëra

casa
shtëpi

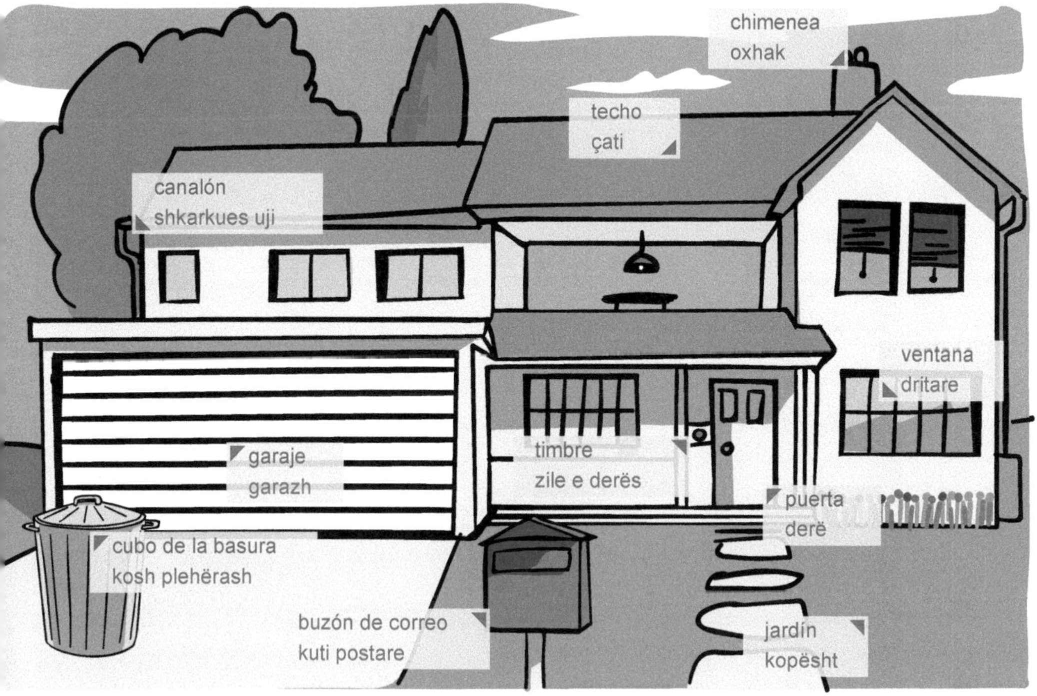

chimenea
oxhak
techo
çati
canalón
shkarkues uji
ventana
dritare
garaje
garazh
timbre
zile e derës
puerta
derë
cubo de la basura
kosh plehërash
buzón de correo
kuti postare
jardín
kopësht

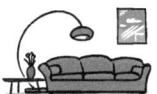

cuarto de estar
dhomë ndenjeje

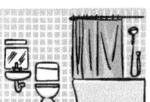

cuarto de baño
tualet

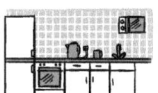

cocina
kuzhinë

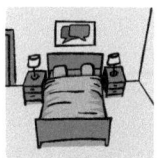

dormitorio
dhomë gjumi

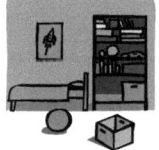

cuarto de los niños
dhomë fëmijësh

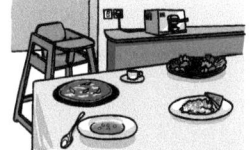

comedor
dhomë ngrënieje

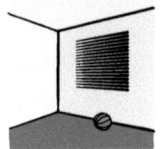

piso

dysheme

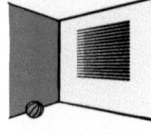

pared

mur

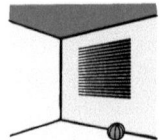

cielorraso

tavan

sótano

bodrum

sauna

sauna

balcón

ballkon

terraza

tarracë

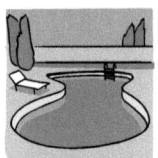

piscina

pishinë

cortacésped

kositëse bari

funda nórdica

çarçaf

edredón

kuvertë

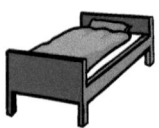

cama

krevat

escoba

fshesë dore

cubo

kovë

interruptor

çelës

cuarto de estar
dhomë ndenjeje

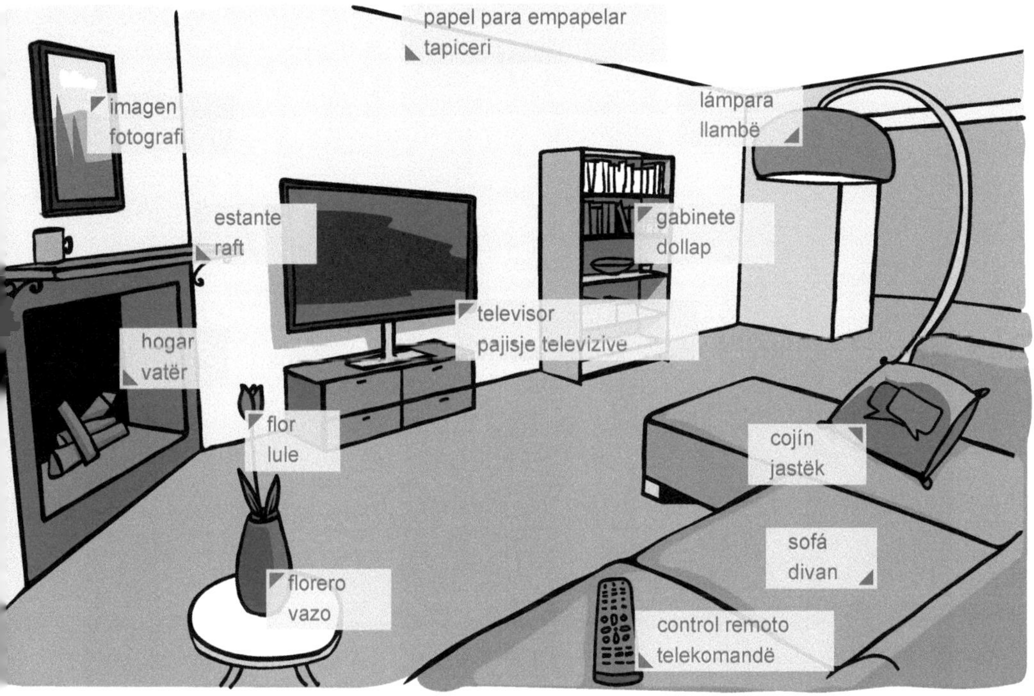
papel para empapelar
tapiceri
imagen
fotografi
lámpara
llambë
estante
raft
gabinete
dollap
televisor
pajisje televizive
hogar
vatër
flor
lule
cojín
jastëk
sofá
divan
florero
vazo
control remoto
telekomandë

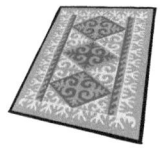

alfombra
qilim

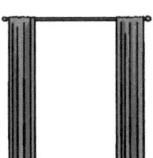

cortina
perde

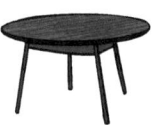

mesa
tavolinë

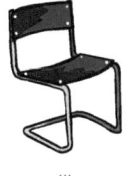

silla
karrige

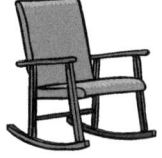

mecedora
karrige lëkundëse

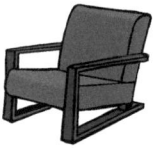

sillón
kolltuk

libro

libri

frazada

batanije

decoración

zbukurime

leña

dru zjarri

film

film

equipo estereofónico

stereo

llave

çelës

periódico

gazetë

cuadro

pikturë

póster

afishe

radio

radio

bloc de notas

bllok shënimesh

aspiradora

fshesë me korent

cactus

kaktus

vela

qiri

cocina
kuzhinë

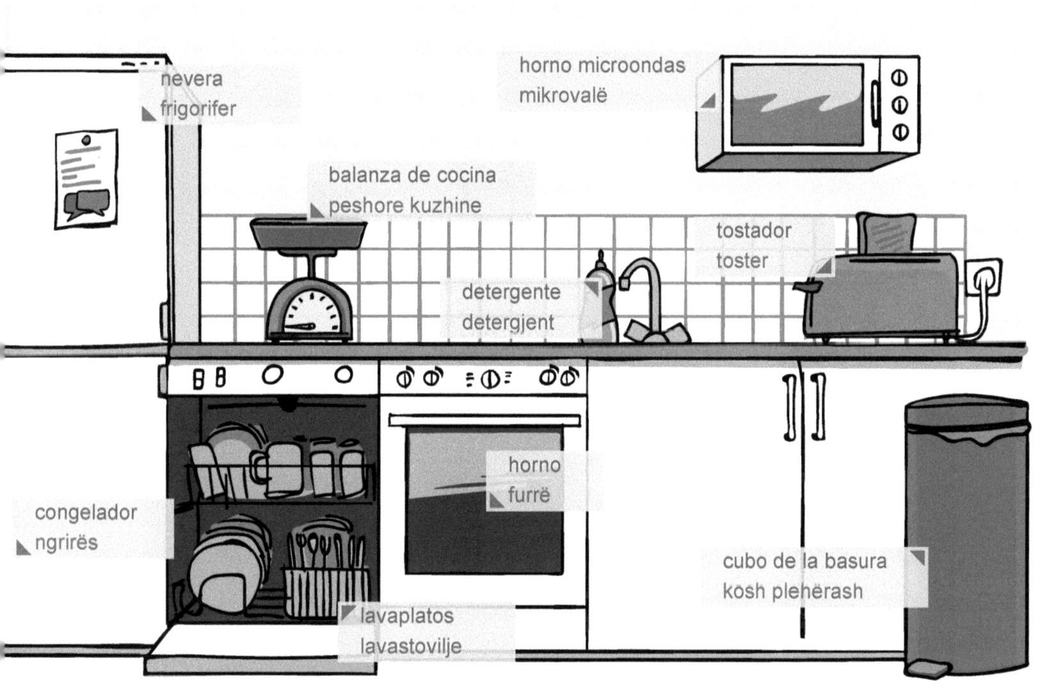
nevera
frigorifer
horno microondas
mikrovalë
balanza de cocina
peshore kuzhine
tostador
toster
detergente
detergjent
horno
furrë
congelador
ngrirës
cubo de la basura
kosh plehërash
lavaplatos
lavastovilje

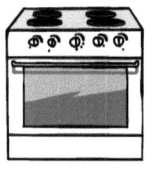

cocina
sobë

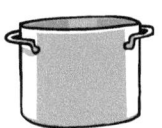

olla
tenxhere

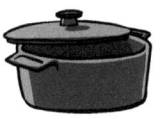

olla de fundición de hierro
tenxhere me kapak

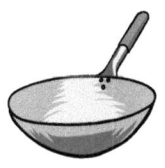

wok / kadai
tigan special (Wok)

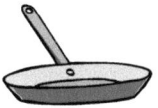

sartén
tigan

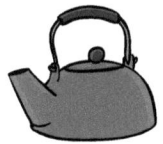

hervidor de agua
çajnik

olla de vapor	bandeja de horno	vajilla
tenxhere me avull	tavë pjekjeje	enë

vaso	bol	palillos para comer
filxhan	tas	shkopinj

cucharón de sopa	espátula	batidor
garuzhde	spatul	tel kuzhine

colador	cedazo	rallador
kulluese	sitë	rende

mortero	parrillada	fogata
havan	skarë	zjarr

tabla de picar

dërrasë për prerje

rodillo

okllai

sacacorchos

heqëse tapash

lata

kanaçe

abrelatas

hapese kanaçeje

agarrador

rrobë për të kapur tenxheren

fregadero

lavaman

cepillo

furçë

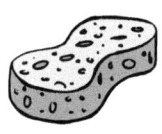

esponja

sfungjer

batidora

përzjerës

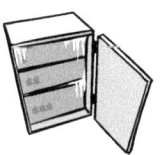

arcón congelador

ngrirës

biberón

biberon për lëngje

grifo

rubinet

cuarto de baño
tualet

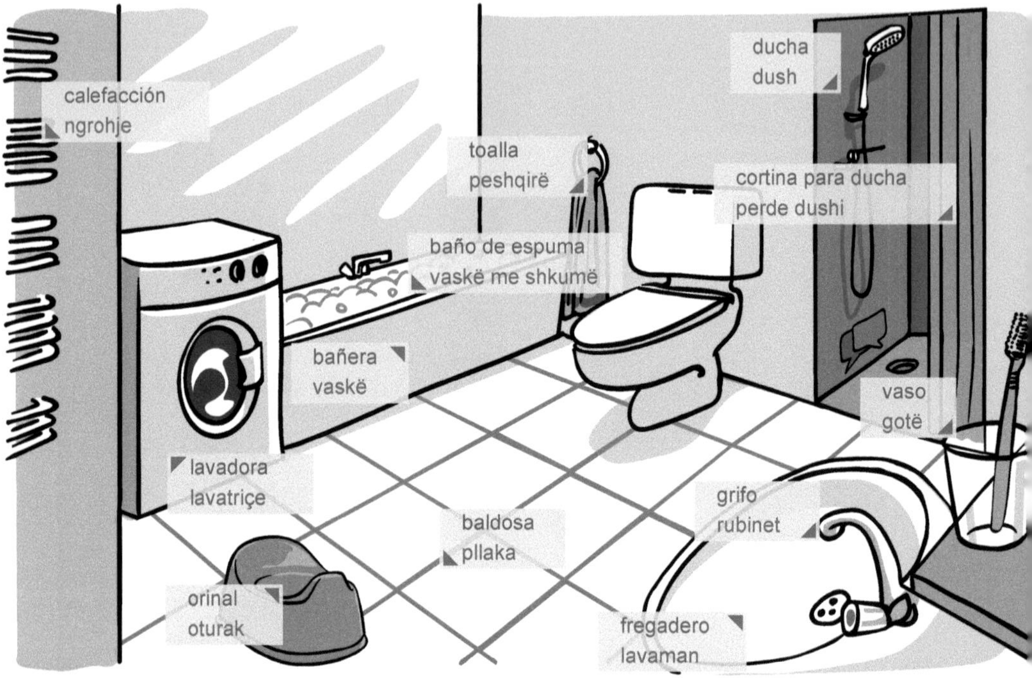
calefacción
ngrohje
toalla
peshqirë
ducha
dush
cortina para ducha
perde dushi
baño de espuma
vaskë me shkumë
bañera
vaskë
vaso
gotë
lavadora
lavatriçe
grifo
rubinet
baldosa
pllaka
orinal
oturak
fregadero
lavaman

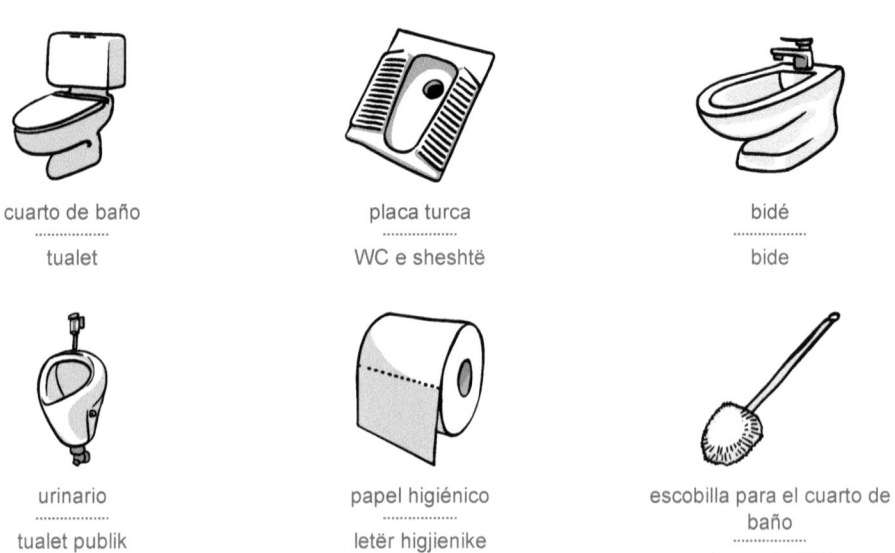

cuarto de baño
tualet

placa turca
WC e sheshtë

bidé
bide

urinario
tualet publik

papel higiénico
letër higjienike

escobilla para el cuarto de baño
furçe për WC

cepillo de dientes

furçë dhëmbësh

pasta dentífrica

pastë dhëmbësh

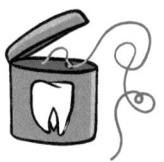

seda dental

fije dentare

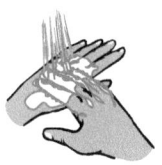

lavar

laj

ducha teléfono

dorezë dushi

ducha higiénica

larës për zonën intime

cuenco

legen

cepillo para la espalda

furçë për masazh shpine

jabón

sapun

gel de ducha

shampo trupi

champú

shampo

manopla para baño

leckë pastruese

desagüe

kullues

crema

krem

desodorante

antidjersë

espejo
pasqyrë

espejo de maquillaje
pasqyrë dore

máquina de afeitar
brisk rroje

espuma de afeitar
shkumë rroje

loción para después del afeitado
locion pas rrojes

peine
krehër

cepillo
furçë

secador para cabello
tharëse flokësh

laca de peinado
llak për flokët

maquillaje
grim

lápiz labial
buzëkuq

laca para uñas
manikyr

algodón
mbushje pambuku

tijera para uñas
gërshërë për thonj

perfume
parfum

neceser

çantë për sendet personale

taburete

Stol

balanza

peshore

bata de baño

robëdëshambër

guantes de goma

dorashka gome

tampón

tampon

compresa

peceta higjienike

wáter químico

tualet I lëvizshëm

cuarto de los niños
dhomë fëmijësh

despertador
orë me zile
animal de peluche
lodra me pellushë
auto de juguete
makinë lodër
sonajero
rraketake
casa de muñecas
shtëpi kukullash
obsequio
dhuratë

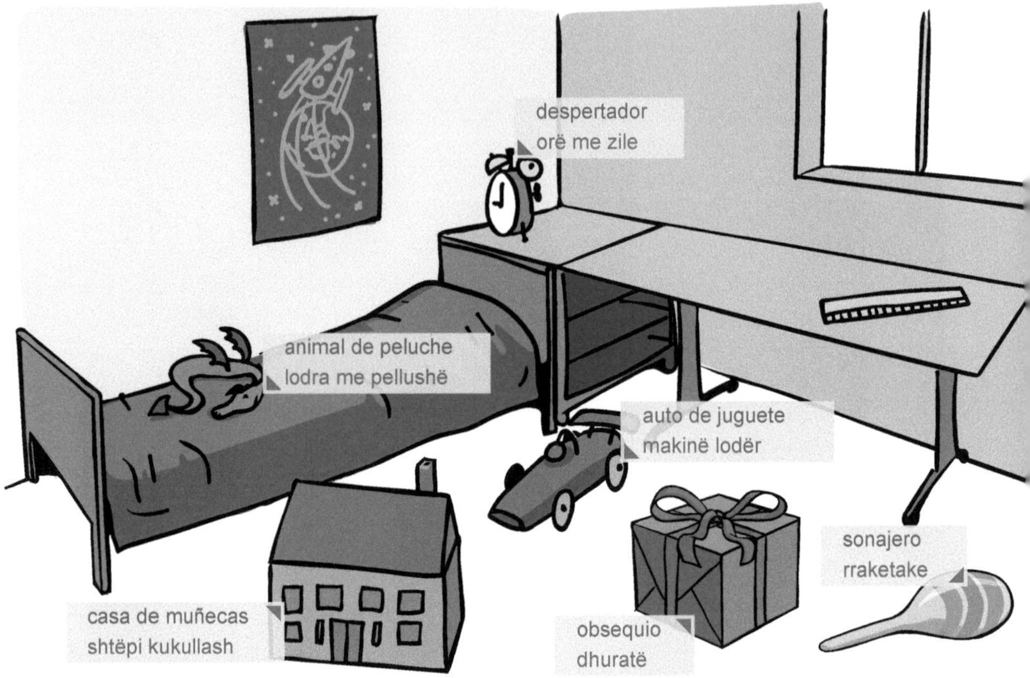

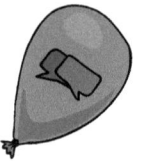

globo
tollumbace

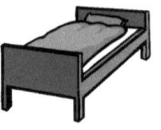

cama
krevat

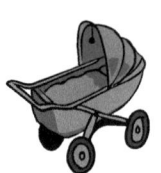

cochecito para niños
karrocë fëmijësh

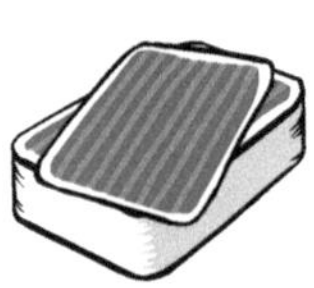

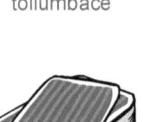

juego de barajas
lojë me letra

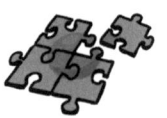

rompecabezas
bashkim pjesësh me figura

SUPER
MEGA

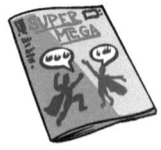

cómic
komik

piezas de Lego

formuese lodër

bloques para jugar

kuba plastikë

figura de acción

lodra

pijama de una pieza

badi

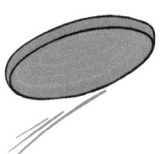

frisbee

frızbı

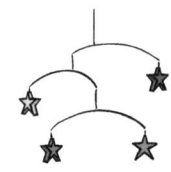

móvil

lodra të varura tek krevati i fëmijëve

juego de mesa

tavolinë lojërash

dado

zare

tren eléctrico a escala

model treni

chupete

biberon

fiesta

festë

libro de dibujos

libër me ilustrime

pelota

top

títere

kukull

jugar

luaj

arenero

grumbull rëre

columpio

kolovarëse

juguetes

lodra

consola de videojuego

leva për lojra video

triciclo

triçikël

osito de peluche

arush prej pellushi

guardarropa

garderobë

vestimenta

veshje

calcetines

çorape

medias

çorape të gjata

panti

geta

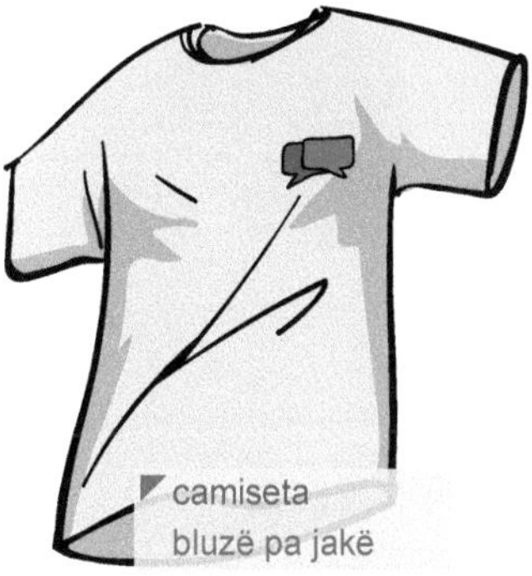

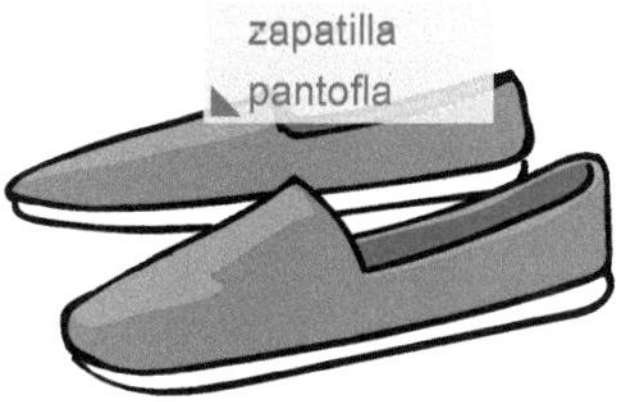

chal
shall

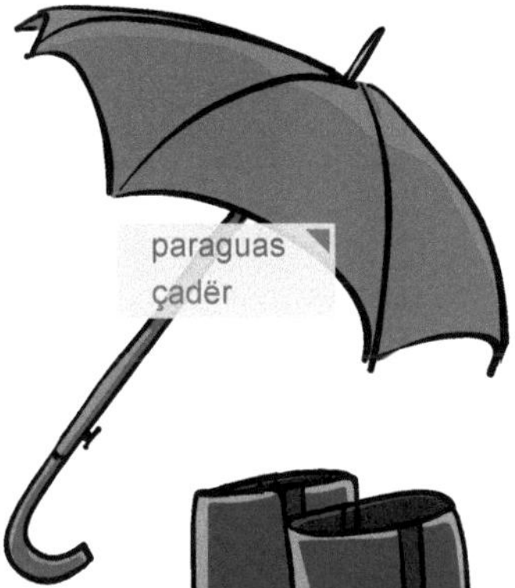

cinturón
rrip

paraguas
çadër

camiseta
bluzë pa jakë

botas
çizme

zapatilla
pantofla

deportivas
atlete

sandalias
....
sandale

zapatos
....
këpucë

botas de goma
....
çizme llastiku

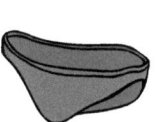

ropa interior
....
të mbathura

corpiño
....
reçipeta

camiseta
....
kanotierë

body

trup

pantalón

pantallona

jeans

xhinse

falda

fund

blusa

bluzë

camisa

këmishë

pullover

pulovër

sweater

triko

blazer

xhaketë

chaqueta

xhaketë

abrigo

pallto

impermeable

mushama shiu

traje chaqueta

kostum

vestido

fustan

vestido de bodas

fustan nusërie

traje

kostum

camisón

këmishë nate

pijama

pizhama

sari

sari (veshje tradicionale indiane)

pañuelo de cabeza

shami koke

turbante

çallmë

burka

veshje për femrat e besimit musliman

caftán

kaftan (lloj veshjeje tradicionale)

abaya

ferexhe

traje de baño

kostum banje

bañador

rroba banje

shorts

pantallona të shkurtra

chándal

tuta sporti

delantal

përparëse

guante

dorashka

botón

kopsë

gafa

syze

brazalete

› byzylyk

cadena

gjerdan

anillo

unazë

aro

vath

gorra

kapuç

percha

varëse për pallto

sombrero

kapele

corbata

kravatë

cierre a cremallera

zinxhir

casco

helmetë

tiradores

tiranda

uniforme escolar

uniformë shkolle

uniforme

uniformë

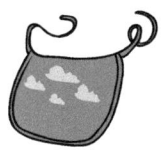

babero

gushore

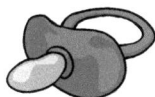

chupete

biberon

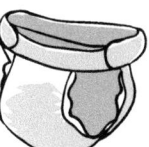

pañal

pelenë

oficina

zyrë

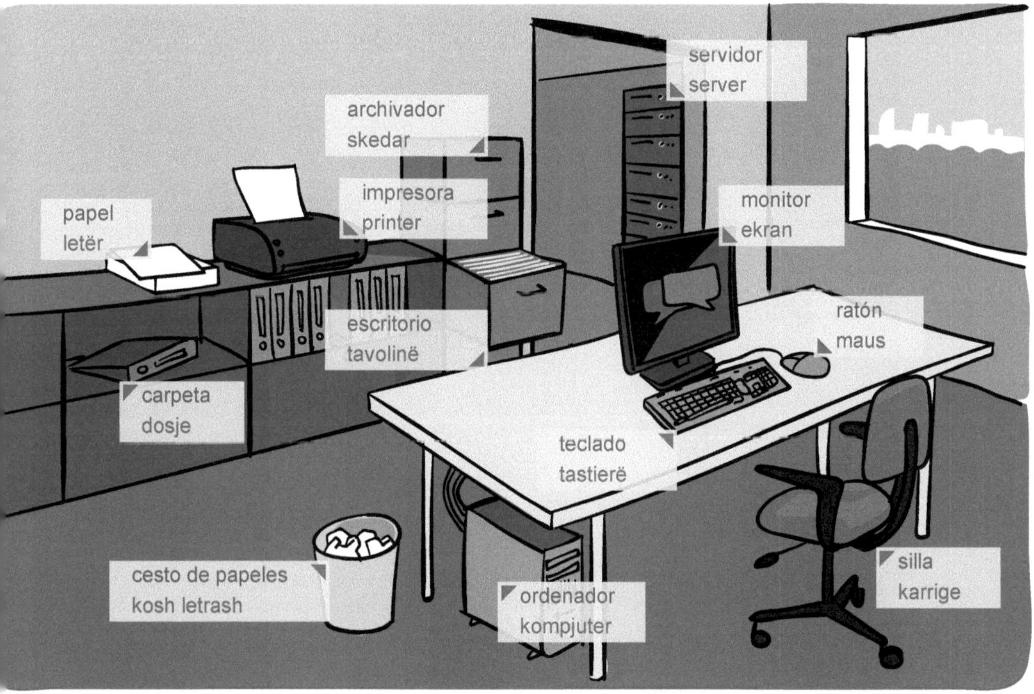

servidor
server
archivador
skedar
impresora
printer
papel
letër
monitor
ekran
escritorio
tavolinë
ratón
maus
carpeta
dosje
teclado
tastierë
cesto de papeles
kosh letrash
ordenador
kompjuter
silla
karrige

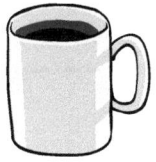

taza de café

filxhan kafeje

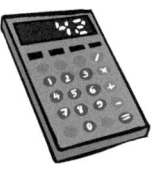

calculadora

makinë llogaritëse

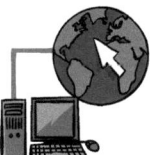

internet

internet

laptop

kompjuter portativ

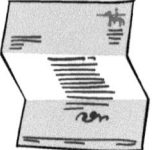

carta

letër

mensaje

mesazh

teléfono móvil

telefon

red

rrjet

fotocopiadora

fotokopje

software

program

teléfono

telefon

tomacorriente

prizë

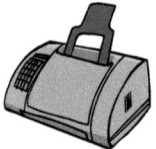

máquina de fax

pajisje faksi

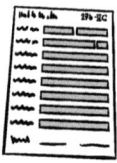

formulario

formular

documento

dokument

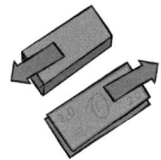

comprar

blej

pagar

paguaj

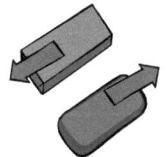

comerciar

tregtoj

dinero

para

dólar

dollar

euro

euro

yen

jen

rublo

rubla

franco

franga zvicerane

renminbi

juani kinez

rupia

rupje

cajero automático

bankomat

casa de cambio

pikë këmbimi valutor

oro

ar

plata

argjend

petróleo

nafta

energía

energji

precio

çmim

contrato

kontratë

impuesto

taksë

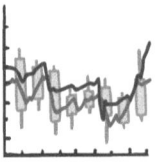

acción

aksione

trabajar

punoj

empleado

punonjës

empleador

punëdhënës

fábrica

fabrikë

negocio

dyqan

economía - ekonomi

policía
oficer policie

bombero
zjarrfikës

cocinero
kuzhinier

médico
mjek

piloto
pilot

jardinero

kopshtar

carpintero

marangoz

costurera

rrobaqepëse

juez

gjykatës

químico

kimist

actor

aktor

conductor de autobús

shofer autobuzi

taxista

taksist

pescador

peshkatar

mujer de la limpieza

pastruese

techista

riparues çatish

camarero

kamarier

cazador

gjuetar

pintor

piktor

panadero

furrxhi

electricista

elektriçist

albañil

ndërtues

ingeniero

inxhinier

carnicero

kasap

fontanero

hidraulik

cartero

postieri

ocupaciones - profesionet

soldado

ushtar

arquitecto

arkitekt

cajero

arkëtar

florista

luleshitës

peluquero

berber

cobrador

kontrollor

mecánico

mekanik

capitán

kapiten

odontólogo

dentist

científico

shkencëtar

rabino

rabin

imam

imam

monje

murg

párroco

klerik

herramientas
mjete

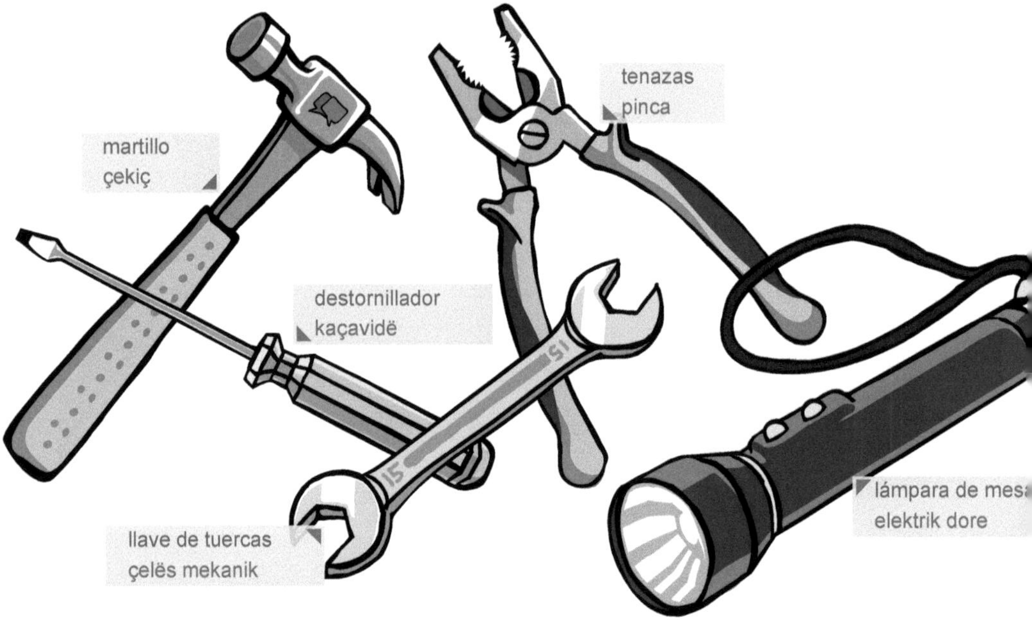
tenazas
pinca
martillo
çekiç
destornillador
kaçavidë
llave de tuercas
çelës mekanik
lámpara de mes
elektrik dore

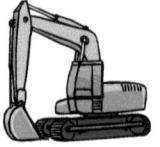

excavadora

ekskavator

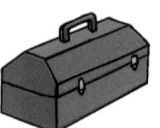

caja de herramientas

kuti veglash

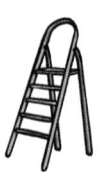

escalerilla

shkallë

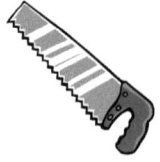

serrucho

sharrë

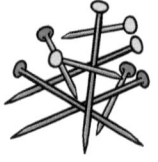

clavos

gozhdë

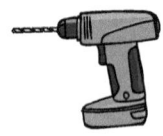

taladro

trapan

reparar
....
riparoj

pala
....
lopatë

¡Maldición!
....
Dreq!

recogedor
....
kaci

lata de pintura
....
kuti boje

tornillos
....
vidhë

instrumentos musicales
instrumenta muzikorë

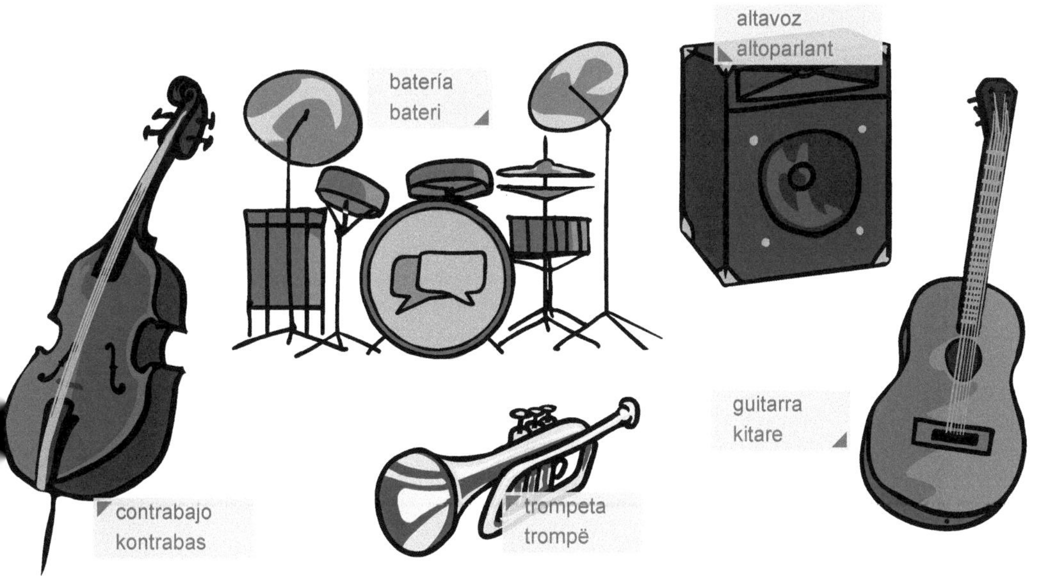

batería
bateri

altavoz
altoparlant

guitarra
kitare

contrabajo
kontrabas

trompeta
trompë

piano
piano

violín
violinë

bajo
bas

timbales
tamburë

tambor
daulle

teclado
tastierë pianoje

saxofón
saksofon

flauta
flaut

micrófono
mikrofon

instrumentos musicales - instrumenta muzikorë

zoológico
kopsht zoologjik

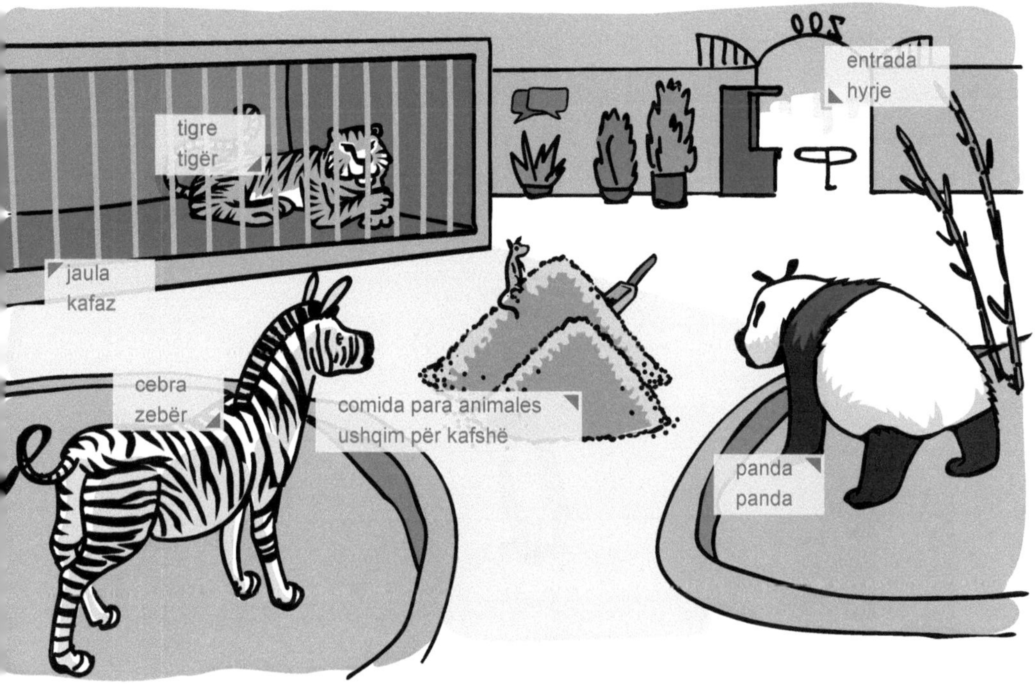
entrada
hyrje
tigre
tigër
jaula
kafaz
cebra
zebër
comida para animales
ushqim për kafshë
panda
panda

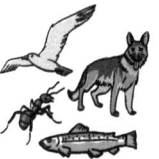

animales

kafshë

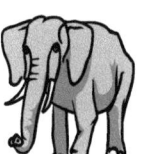

elefante

elefant

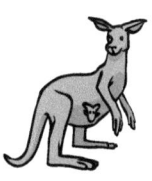

canguro

kangur

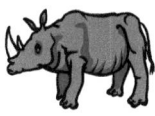

rinoceronte

rinoceront

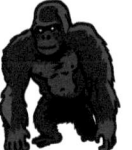

gorila

gorillë

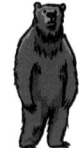

oso

ari

camello

deve

avestruz

struc

león

luan

mono

majmun

flamengo

flamingo

papagayo

papagall

oso polar

ari polar

pingüino

pinguin

tiburón

peshkaqen

pavo real

pallua

serpiente

gjarpër

cocodrilo

krokodil

cuidador del zoológico

punonjës i kopshtit zoologjik

foca

fokë

jaguar

xhaguar

pony
poni

leopardo
leopard

hipopótamo
hipopotam

jirafa
gjirafë

águila
shqiponjë

jabalí
derr i egër

pescado
peshk

tortuga
breshkë

morsa
lopë deti

zorro
dhelpër

gacela
gazelë

fútbol americano
futboll amerikan

ciclismo
çiklizëm

tenis
tenis

baloncesto
basketboll

natación
not

boxeo
boks

hockey sobre hielo
hokej mbi akull

fútbol
futboll

badminton
badminton

atletismo
atletikë

balonmano
hendboll

esquí
ski

polo
polo

actividades
aktivitet

saltar
hidhem
abrazar
përqafoj
reír
qesh
caminar
eci
cantar
këndoj
rezar
lutem
besar
puth
soñar
ëndërroj

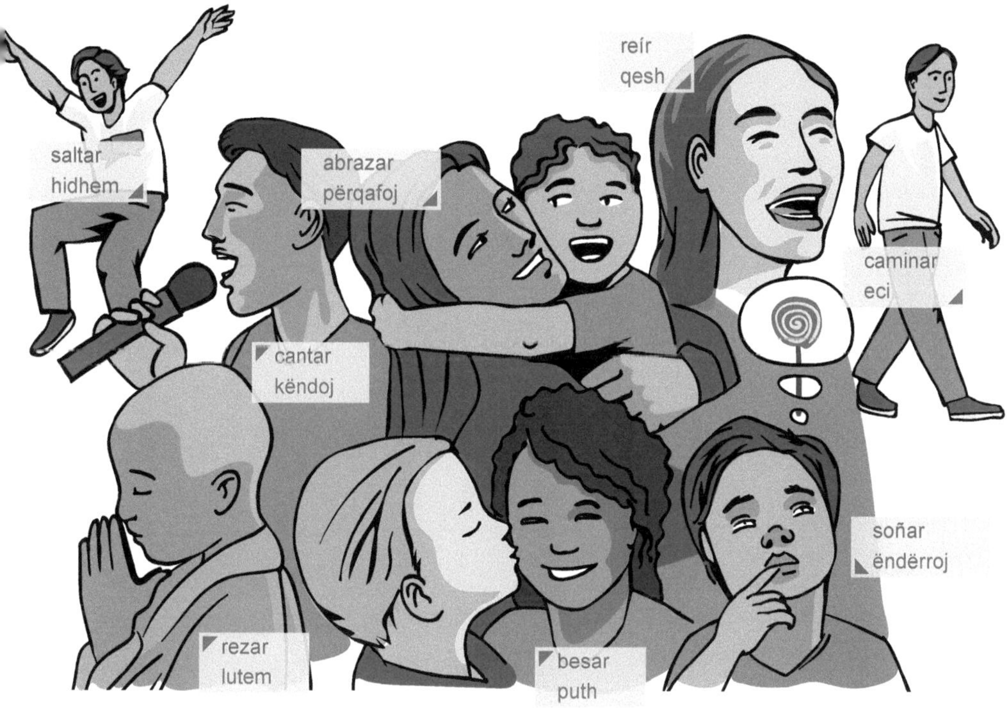

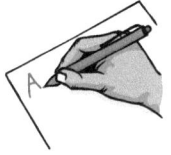

escribir

shkruaj

dibujar

vizatoj

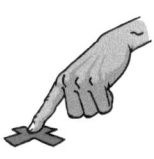

mostrar

tregoj

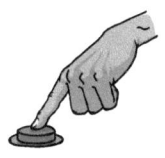

presionar

shtyj

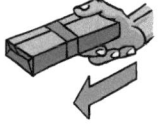

dar

jap

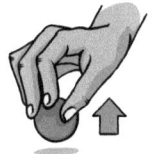

tomar

marr

tener
kam

hacer
bëj

ser
jam

estar de pie
qëndroj

correr
vrapoj

tirar
tërheq

arrojar
hedh

caer
bie

estar acostado
shtrihem

esperar
pres

llevar
mbaj

estar sentado
ulem

vestirse
vishem

dormir
fle

despertar
zgjohem

mirar
shikoj

llorar
qaj

acariciar
përkëdhel

peinarse
kreh

conversar
bisedoj

entender
kuptoj

preguntar
kërkoj

oír
dëgjoj

beber
pi

comer
ha

asear
sistemoj

amar
dashuroj

cocinar
gatuaj

conducir
drejtoj makinën

volar
fluturoj

navegar

lundroj

calcular

llogaris

leer

lexoj

aprender

mësoj

trabajar

punoj

casarse

martohem

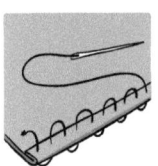

coser

qep

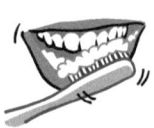

limpiarse los dientes

laj dhëmbët

matar

vras

fumar

tymos

enviar

dërgoj

familia
familje

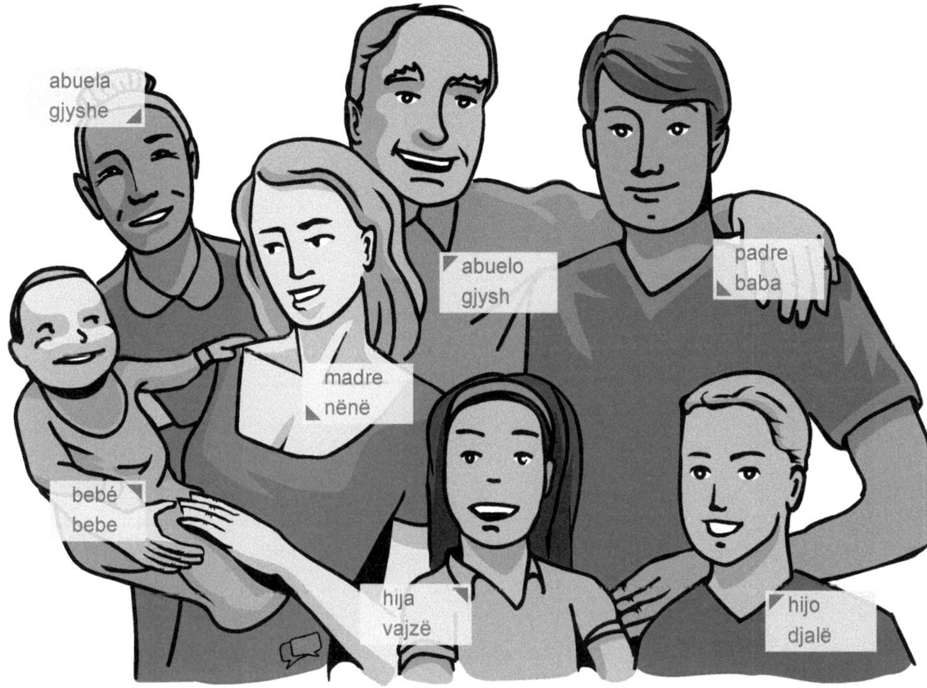
abuela
gjyshe
abuelo
gjysh
padre
baba
madre
nënë
bebé
bebe
hija
vajzë
hijo
djalë

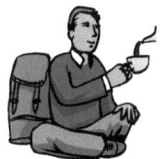

invitado

mysafir

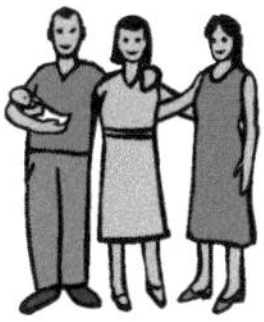

tía

teze, hallë

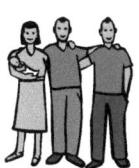

tío

dajë, xhaxha

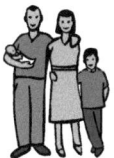

hermano

vëlla

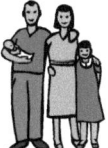

hermana

motër

cuerpo
trupi

frente
balli
ojo
syri
hombro
shpatulla
dedo
gishti
cara
fytyra
barbilla
mjekra
mano
dora
pierna
këmba
pecho
krahërori
brazo
krahu

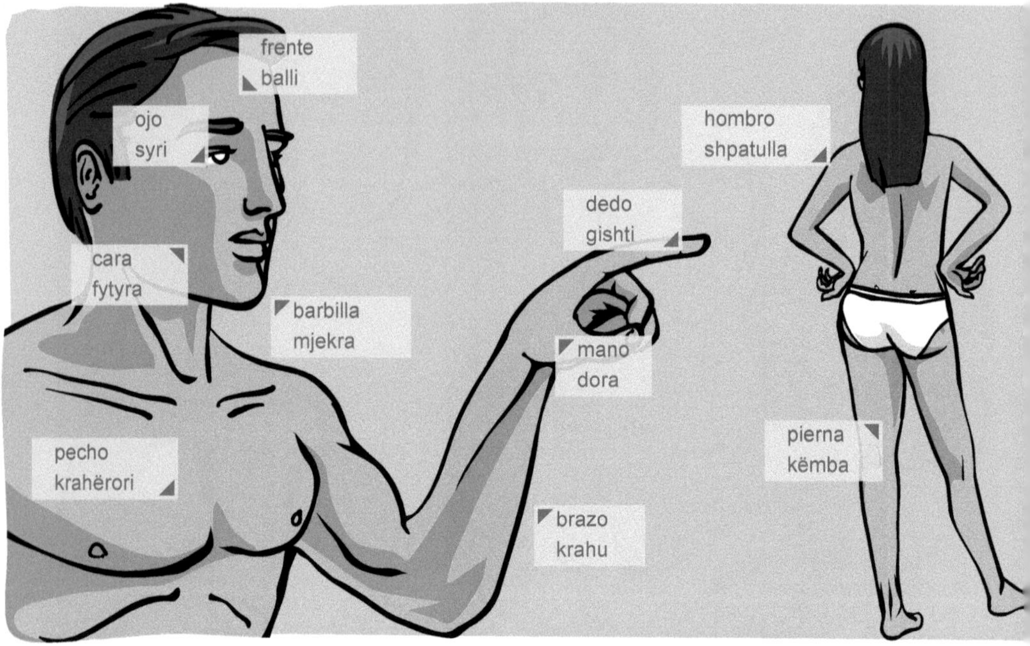

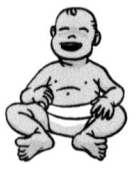

bebé
bebe

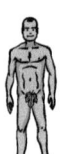

hombre
burrë

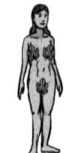

mujer
grua

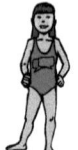

muchacha
vajzë

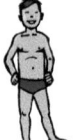

joven
djalë

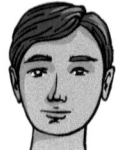

cabeza
koka

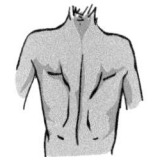

espalda

shpina

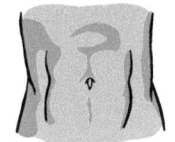

vientre

barku

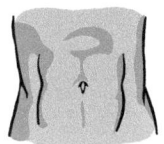

ombligo

kërthiza

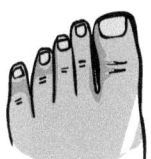

dedo del pie

gisht këmbe

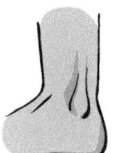

talón

Thembra

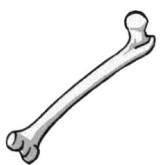

hueso

kockë

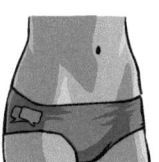

cadera

legeni

rodilla

gjuri

codo

bërryli

nariz

hunda

trasero

vithe

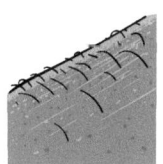

piel

lëkura

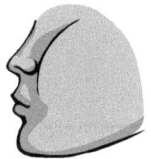

mejilla

faqja

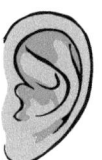

oreja

veshi

labio

buza

cuerpo - trupi

boca

goja

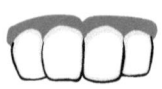

diente

dhëmbët

lengua

gjuha

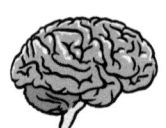

cerebro

truri

corazón

zemra

músculo

muskul

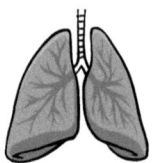

pulmón

mushkëria

hígado

mëlçia

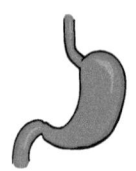

estómago

stomaku

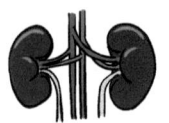

riñones

veshka

relación sexual

seks

condón

prezervativ

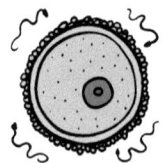

Óvulo

veza

esperma

sperma

embarazo

shtatëzani

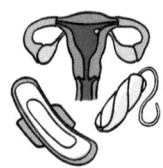

menstruación

menstruacione

vagina

vagina

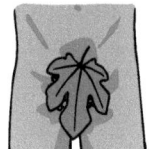

pene

penis

ceja

vetulla

cabello

flokët

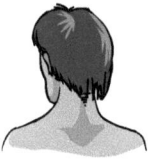

cuello

qafa

hospital
spital

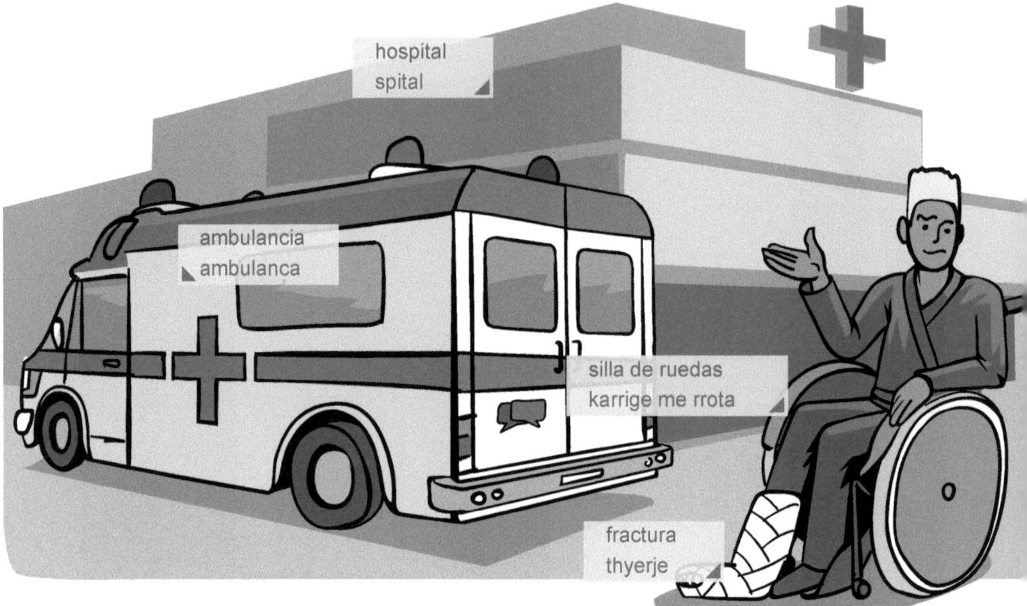

hospital
spital
ambulancia
ambulanca
silla de ruedas
karrige me rrota
fractura
thyerje

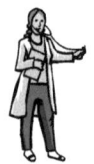

médico
mjek

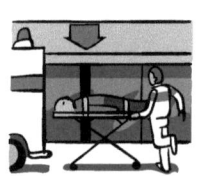

admisión de urgencia
sallë urgjencash

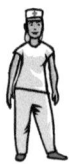

enfermera
infermiere

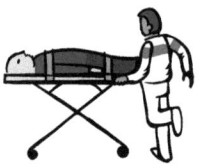

emergencia
emergjencë

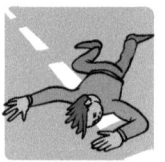

inconsciente
i pandërgjegjshëm

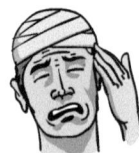

dolor
dhimbje

lesión
....
dëmtim

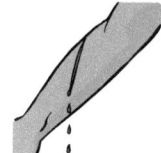

hemorragia
....
gjakosje

infarto de miocardio
....
infarkt

apoplejía cerebral
....
goditje

alergia
....
alergji

tos
....
kolla

fiebre
....
ethe

gripe
....
grip

diarrea
....
diarre

dolor de cabeza
....
dhimbje koke

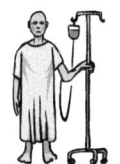

cáncer
....
kancer

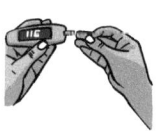

diabetes
....
diabet

cirujano
....
kirurg

escalpelo
....
bisturi

operación
....
operacion

TC

CT (skaner)

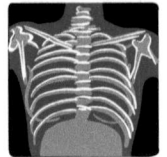

rayos X

radiografi

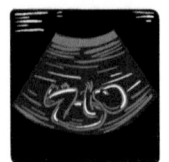

ultrasonido

ultratingull

máscara

maskë fytyre

enfermedad

sëmundje

sala de espera

dhomë pritjeje

muleta

paterica

emplasto

leukoplast

vendaje

fasho

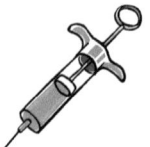

inyección

injeksion

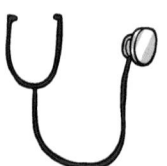

estetoscopio

stetoskop

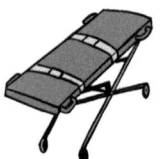

camilla

barelë

termómetro

termometër

nacimiento

lindje

sobrepeso

mbipeshë

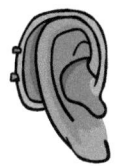

audífono

aparat dëgjimi

desinfectante

dezinfektant

infección

infeksion

virus

virus

VIH / SIDA

HIV / AIDS

medicina

mjekësi, mjekim

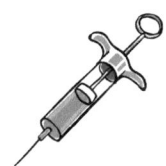

vacunación

vaksinim

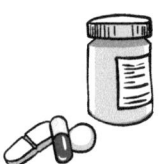

comprimido

tableta

píldora anticonceptiva

pilulë

llamada de emergencia

telefonatë emergjence

medidor de presión arterial

aparat tensioni

enfermo / saludable

i sëmurë / i shëndetshëm

¡Ayuda!

Ndihmë!

alarma

alarm

asalto

sulm

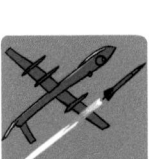

ataque

atak

peligro

rrezik

salida de emergencia

dalje emergjence

¡Fuego!

Zjarr!

extintor

fikëse zjarri

accidente

aksident

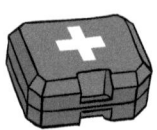

kit de primeros auxilios

kuti e ndimës së shpejtë

SOS

SOS

Policía

policia

Europa

Europa

América del Norte

Amerika e Veriut

América del Sur

Amerika e Jugut

África

Afrika

Asia

Azia

Australia

Australia

Atlántico

Atlantiku

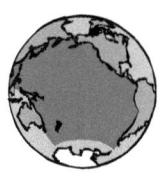

Pacífico

Paqësori

Océano Índico

Oqeani Indian

Océano Antártico

Oqeani Antarktik

Océano Ártico

Oqeani Arktik

Polo Norte

Poli i veriut

Polo Sur

Poli i Jugut

Antártida

Antarktida

Tierra

toka

país

tokë

mar

det

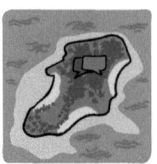

isla

ishull

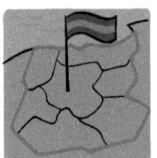

nación

komb

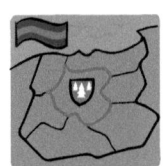

Estado

shtet

cuadrante

fusha e orës

horario

akrepi i orës

minutero

akrepi i minutave

segundero

akrepi i sekondave

¿Qué hora es?

Sa është ora?

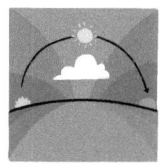

día

ditë

tiempo

kohë

ahora

tani

reloj digital

orë dixhitale

minuto

minutë

hora

orë

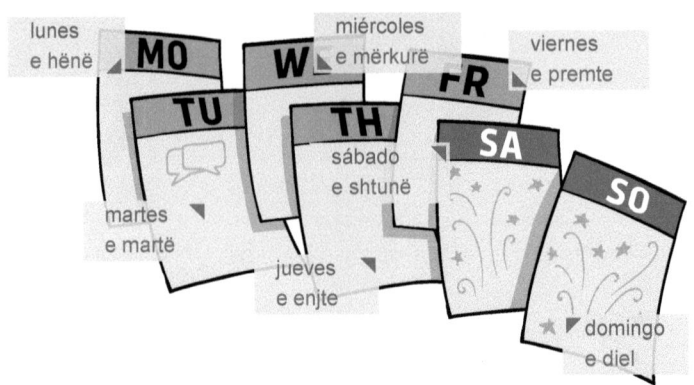

lunes
e hënë

miércoles
e mërkurë

viernes
e premte

martes
e martë

jueves
e enjte

sábado
e shtunë

domingo
e diel

ayer

dje

hoy

sot

mañana

nesër

mañana

mëngjes

mediodía

mesditë

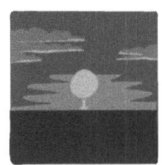

tarde

mbrëmje

jornada de trabajo

ditë pune

fin de semana

fundjavë

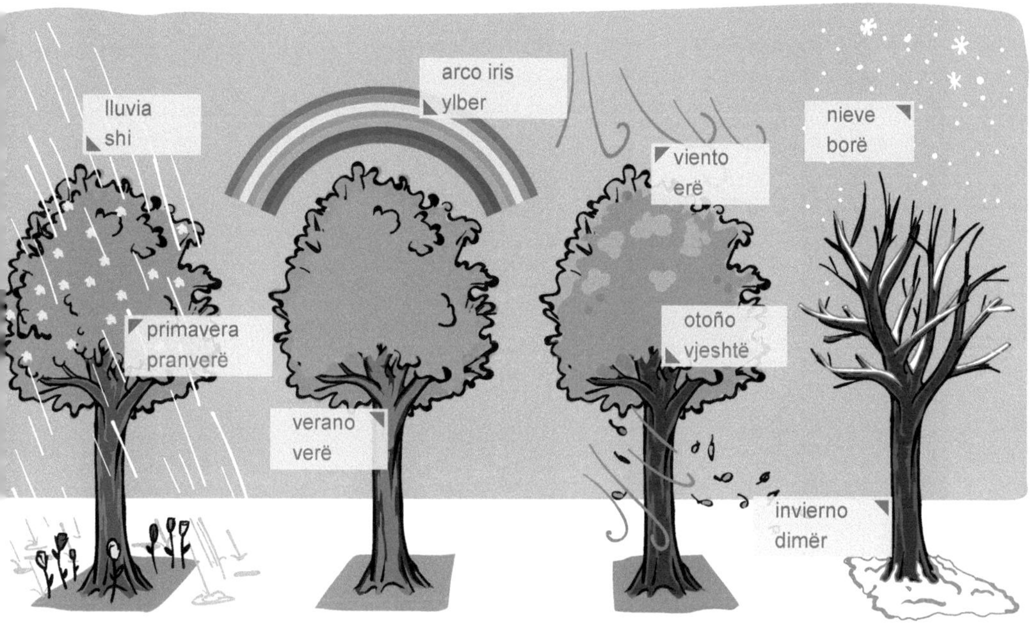

lluvia
shi

arco iris
ylber

viento
erë

nieve
borë

primavera
pranverë

otoño
vjeshtë

verano
verë

invierno
dimër

pronóstico meteorológico
parashikimi i motit

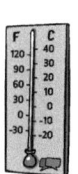

termómetro
termometër

luz solar
ndriçim dielli

nube
re

niebla
mjegull

humedad ambiente
lagështi

relámpago

vetëtima

trueno

gjëmim

tormenta

stuhi

granizo

breshër

monzón

muson

inundación

përmbytje

hielo

akull

enero

janar

febrero

shkurt

marzo

mars

abril

prill

mayo

maj

junio

qershor

julio

korrik

agosto

gusht

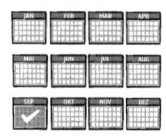

septiembre

shtator

octubre

tetor

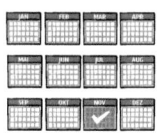

noviembre

nëntor

diciembre

dhjetor

formas
forma

círculo

rreth

cuadrado

katror

rectángulo

drejtkëndësh

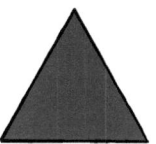

triángulo

trekëndësh

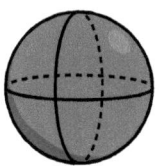

esfera

sferë

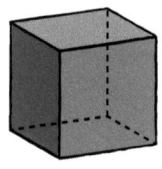

cubo

kub

colores

ngjyra

blanco

e bardhë

amarillo

e verdhë

anaranjado

portokalli

rosa

rozë

rojo

e kuqe

lila

vjollcë

azul

blu

verde

e gjelbër

marrón

kafe

gris

gri

negro

e zezë

mucho / poco

shumë / pak

enojado / calmado

i nevrikosur / i qetë

bonito / feo

i bukur / i shëmtuar

comienzo / fin

fillim / fund

grande / pequeño

i madh / i vogël

claro / oscuro

i ndritshëm / i errët

hermano / hermana

vëlla / motër

limpio / sucio

e pastër / e pistë

completo / incompleto

e plotë / jo e plotë

día / noche

ditë / natë

muerto / vivo

gjallë / vdekur

ancho / angosto

i gjerë / i ngushtë

disfrutable / no disfrutable

i ngrënshëm / i pangrënshëm

malo / amigable

i keq / i këndshëm

excitado / aburrido

i lumtur / i mërzitur

gordo / delgado

i shëndoshë / i dobët

primero / último

e para / e fundit

amigo / enemigo

mik / armik

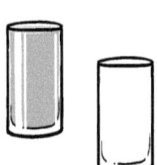

lleno / vacío

plot / bosh

duro / suave

e fortë / e butë

pesado / liviano

e rëndë / e lehtë

hambre / sed

uri / etje

enfermo / saludable

i sëmurë / i shëndetshëm

ilegal / legal

e paligjshme / e ligjshme

inteligente / tonto

i zgjuar / budalla

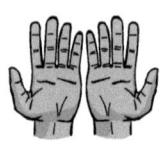

izquierda / derecha

majtas / djathtas

cercano / lejano

afër / larg

nuevo / usado

e re / e përdorur

nada / algo

asgjë / diçka

viejo / joven

i moshuar / i ri

encendido / apagado

ndezur / fikur

abierto / cerrado

hapur / mbyllur

bajo / fuerte

i qetë / i zhurmshëm

rico / pobre

i pasur / i varfër

correcto / incorrecto

e drejtë / e gabuar

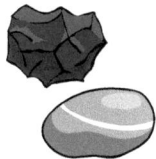

áspero / liso

i ashpër / i butë

triste / alegre

i mërzitur / i lumtur

breve / extenso

i shkurtër / i gjatë

lento / veloz

ngadalë / shpejt

mojado / seco

i lagësht / i thatë

caliente / frío

ngrohtë / freskët

guerra / paz

luftë / paqe

0	**1**	**2**
cero	uno	dos
zero	një	dy

3	**4**	**5**
tres	cuatro	cinco
tre	katër	pesë

6	**7**	**8**
seis	siete	ocho
gjashtë	shtatë	tetë

9	**10**	**11**
nueve	diez	once
nentë	dhjetë	njëmbëdhjetë

12
doce

dymbëdhjetë

13
trece

trembëdhjetë

14
catorce

katërmbëdhjetë

15
quince

pesëmbëdhjetë

16
dieciséis

gjashtëmbëdhjetë

17
diecisiete

shtatëmbëdhjetë

18
dieciocho

tetëmbëdhjetë

19
diecinueve

nentëmbëdhjetë

20
veinte

njëzetë

100
cien

qind

1.000
mil

mijë

1.000.000
millón

milion

inglés

anglisht

inglés estadounidense

anglishte amerikane

chino mandarín

kinezisht mandarin

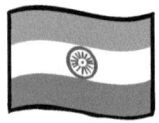

hindi

hindi

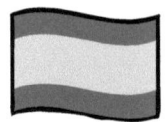

español

spanjisht

francés

frëngjisht

árabe

arabisht

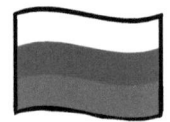

ruso

rusisht

portugués

portugalisht

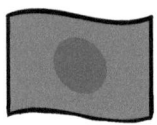

bengalí

bengalisht

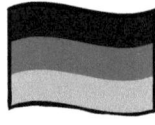

alemán

gjermanisht

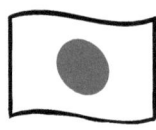

japonés

japonisht

yo

unë

tú

ti

él / ella

ai / ajo

nosotros

ne

vosotros

ju

ellos

ata

¿quién?

kush?

¿qué?

çfarë?

¿cómo?

si?

¿dónde?

ku?

¿cuándo?

kur?

nombre

emër

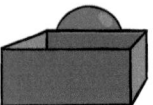

detrás

pas

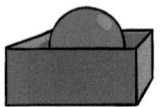

en

në

delante de

përballë

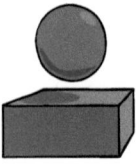

encima de

sipër

sobre

mbi

debajo de

poshtë

junto a

pranë

entre

midis

lugar

vend